VEHÍCULOS MOTORIZADOS

LOS MONSTER TRUCKS

por Alissa Thielges

carrocería

rampa

Busca estas palabras e imágenes mientras lees.

neumático

salto mortal hacia atrás

Un monster truck salta.
Hace acrobacias geniales
en los eventos.

Un monster truck es grande.

Es resistente.

Tiene mucha potencia.

PLAY'N FOR KEEPS
DEPENDABLE
HEATING & AIR CONDITIONING
XO-FAB.com
PORTERFIELD

¿Ves la carrocería?
Cada camión es diferente.
Este parece un perro.

carrocería

MONSTER MUTT
Candice Jolly
BKT
BKT
BKT
BKT

¿Ves la rampa? Los monster trucks saltan de ella. Compiten entre sí.

MONSTER JAM
TEAM

¿Ves el enorme neumático?
Un camión hace un caballito.
Se mantiene en equilibrio
sobre dos neumáticos.

neumático

BKT
BKT
THE AMAZING
SPIDER-MAN
BKT

GAMEX
GAMEX
GAMACHE.NET
GAMACHE

salto mortal hacia atrás

¿Ves el salto mortal hacia atrás?
Da una vuelta completa.
¡Qué truco más genial!

Un camión salta alto en el aire.

¡Mira cómo se mueve!

carrocería

rampa

¿Lo encontraste?

neumático

salto mortal hacia atrás

Publicado por Amicus Learning, un sello de Amicus
P.O. Box 227, Mankato, MN 56002
www.amicuspublishing.us

Library of Congress Cataloging-in-Publication Data
Names: Thielges, Alissa, 1995- author.
Title: Los monster trucks / by Alissa Thielges.
Other titles: Monster trucks. Spanish
Description: Mankato, MN : Amicus Learning, [2026] | Series: Vehículos motorizados | Audience: Ages 4–7 | Audience: Grades K–1 | Summary: "Monster trucks are huge trucks with giant tires. They perform stunts at events. Translated into North American Spanish, this search-and-find book reinforces new vocabulary words with simple facts and compelling photographs to teach kindergarten readers about motorsports"— Provided by publisher.
Identifiers: LCCN 2024052089 (print) | LCCN 2024052090 (ebook) | ISBN 9798892006651 (library binding) | ISBN 9798892007252 (paperback) | ISBN 9798892007856 (ebook)
Subjects: LCSH: Monster trucks—Juvenile literature. | Monster trucks—Competitions—Juvenile literature. | CYAC: Monster trucks.
Classification: LCC TL230.5.M58 T5418 2026 (print) | LCC TL230.5.M58 (ebook) | DDC 629.223/2—dc23/eng/20250110

Ana Brauer, editora
Deb Miner, diseñador de la serie
Sara Hood, diseñador de libro y investigación fotográfica

Créditos de Imágenes: Alamy Stock Photo/Jane Barker, 1, kevin cable, 3, Lee Brown, 12–13; Dreamstime/Ahriam12, 14, Alterfalter, cover; Getty Images/FAYEZ NURELDINE, 8–9, Waleed Zein/Anadolu, 10–11; Shutterstock/BW Press, 6–7, luckyluke007, 4–5

LOS MONSTER TRUCKS